CÁNTICO FUGAZ

Javier Soler Mur

COLECCIÓN ITES

CÁNTICO FUGAZ

© Javier Soler Mur
© de la corrección ortotipográfica: Míriam Villares
© de esta edición: Olé Libros, 2026

ISBN: 979-13-87951-44-3
Depósito legal: V-59-2026
Impreso en España

KALOSINI, S. L.
Grupo editorial olélibros
equipo@olelibros.com
www.olelibros.com

Para María José, siempre

Somos alegres porque estamos vivos.
JOSÉ HIERRO

Somos un paréntesis entre dos nadas.
FRANCISCO BRINES

Cántico fugaz

Ante este breve tiempo
que te fue concedido,
no proclames lamentos
ni te indignes ni maldigas tu suerte.
Abraza las mañanas
con su oro renovado
y apura cada día
con pasión infinita.

Después,
que un cántico fugaz
celebre lo vivido.

No parecen de invierno

No parecen de invierno
estos últimos días de diciembre.
El sol inunda el mundo
y en la playa está tibia la arena
ante un mar infinito y azul y limpio y claro
que acaricia la orilla con levísimas olas
de rumor indeciso;
erguidas las palmeras,
son estatuas hermosas de silenciosa vida.
Hay en esta mañana
una calma muy densa
henchida por la luz.

Solo en mi corazón
habitan las tinieblas.

TORREMANZANAS

Volvíamos de un pueblo de montaña
en una tarde oscura de diciembre.
Avanzaba entre campos el coche solitario
junto a olivos verdosos y desnudos almendros.
Yo apretaba tu mano con la mía
y, de pronto,
unos rayos de sol se abrieron paso
entre dos nubes grises,
y embelleció la tarde
tocada por la luz.
Y pareció que el oro bendecía
la unión de nuestros cuerpos enlazados.
Y entonces fui feliz.

Melancolía

Edvard Munch

Melancolía

Sobre la tierra fría,
bajo el gris ondulante de las nubes,
junto a la arena oscura
y el mar callado en calma,
el hombre es solo un ser desconcertado,
un extraño en el mundo,
una sombra sin alma.

LA PUERTA DEL AGUA

Esta quietud de agosto.
Solo el rumor del agua y el silencio.

Las copas de los pinos recortadas
contra el azul del cielo;
la tristeza del sauce,
la flor de los baladres.

Solo tú y yo enlazados
en el rincón oculto de este mundo.

Despedida

Ocho y media en la Plaza Mayor.
Aún hay luz en la tarde
porque es mayo y la vida
camina hacia el verano.

Me despido
de las alumnas francesas de este curso.
¡Adiós, Laurine, Solène;
Agathe, Gwendoline, adiós!
Me agradecen las clases de español,
nos damos leves besos;
un revuelo de pájaros araña ya el crepúsculo,
en silencio se asoma ya la luna.

«Sed felices», les digo,
y se alejan alegres por el puente.
Nunca volveré a verlas.

CANDOR

No poder retenerte
ni encerrarte en urna de cristal.
Saber que te me escapas de los dedos,
que tu mundo esponjoso, risueño y excitante,
que tu mundo de luz y de entusiasmo
se acabará algún día.

Y ya no habrá inocencia,
y tus ojos serán
manchados por la vida.

DUELO

In memoriam *Antonio Juan Amat*

Hace poco que ha muerto
el dueño de esta casa.
Está vacía su habitación;
sus gafas descansan inservibles en la mesa,
hay ropa desolada en los rincones
y medicinas huérfanas.
En el jardín respira
la altura de los pinos,
el canto de los pájaros,
el arrullo de tórtolas
y la sonoridad de la chicharra.
Se oye el revuelo alegre de las niñas.
Abrasa agosto y en la noche la luna
va creciendo hacia su plenitud.

Ha brotado una sombra
en el cuerpo de los vivos.

JUNIO

Ha llegado ya junio
y se alargan los días,
la luz alada vuela
hacia el más alto cielo
y retarda la noche,
se posa sobre el mundo
con ademán altivo,
como una poderosa emperatriz.
Ahora reina la luz.

MUERTOS

A veces imagino que estamos todos muertos.
El anciano decrépito
que estremecido y frío
se enfrenta a su final;
pero también el hombre vigoroso
que conserva sus planes
y sueños por cumplir;
incluso el niño claro, colmado de esplendor,
que con ojos atónitos
descubre la existencia.
Todos muertos;
a veces lo imagino,
y en el fondo es real:
en la inconmensurable eternidad,
en la línea del tiempo de la Historia,
nos encontramos casi siempre muertos.
Salvo este breve tiempo
al que llamamos *vida*
en el que florecemos
para buscar amor,
para habitar la tierra de este mundo.

Todos muertos.

COMIENZO DE VERANO (2024)

Amanezco en Madrid
el primer día de verano.
Hace un tiempo suave y desayuno
en una terraza de Quevedo.
Me asomo al mundo
a través del periódico,
voy pasando las páginas alegre
(gozo con el olor de letra impresa).
Nuestra España ha ganado en la Eurocopa,
el Gobierno quiere controlar todo,
es posible que haya corrupción en la altura,
condecoran al presidente argentino;
los soldados se quiebran en Ucrania,
Israel sigue atacando Gaza
y Hamás aún retiene a los rehenes…
Últimamente siempre
son tristes las noticias.

Y sin embargo,
nada parece grave
esta mañana limpia de verano.
Como todos sabemos,
«El paisaje es un estado del alma»
te dices con consuelo
y culpabilidad.

Corral de la Morería

Como blanca paloma desbocada,
danza en el aire leve
al son de la guitarra que desgarra su alma,
mecida por la voz
que se quiebra en pedazos
de corazón doliente.

Como un tornado gris,
terremoto de muslos sobre el suelo
con trueno de tacones y de palmas
(¡cómo vibra su cuerpo
de carne estremecida!),

En la noche un torrente,
un temblor, un clamor,
un aullido de fuego.

MUERTE DE UN POETA

Ha muerto José María Álvarez.
Y recuerdo de pronto
mi lejana juventud
de universitario en Murcia.
Y recuerdo su porte de dandi primoroso,
y su enérgica voz,
y sus poemas.

Y en abril, Fiesta de la Poesía.
Surgen claras imágenes
de otros grandes poetas
bien reunidos;
ahora son solo sombras,
espectros disipados
en la leve memoria.
¿Ubi sunt?
¿Dónde mi juventud perdida?

Abro *Museo de cera*,
con ojos enturbiados por las lágrimas,
y no encuentro consuelo.

MANCHESTER

En ciudades distintas,
en históricas plazas,
en grandes monumentos,
rodeados de personas variopintas
de muy diverso origen
en bulliciosas calles
que acaban pareciéndose
a otras ya conocidas,

siempre llega un momento,
como un súbito rayo,
en que me hago consciente
una vez más
de que este amor recorre geografías,
lejanos territorios,
apartadas regiones;
va con nosotros siempre,
soldado a nuestra piel apasionada.

Y es gozoso querernos
en un lugar extraño,
como si fuera el fuego
un incendio infinito.
Y sabemos entonces
que no hay espacio hostil para el amor,
que en amor no hay fronteras
y que solo es terrible
el insondable tiempo
que habrá de destruirnos.

Un día cualquiera

Este anónimo día
en el que nada pasa,
este día silencioso y oscuro,
como tantas jornadas ya vividas,
es sin embargo
un paso imprescindible,
un eslabón preciso,
puente de sombra
hacia los días gloriosos.

No debes despreciarlo:
albergará también
su momento de dicha
y su zozobra.
Y es un ejemplar único,
irrepetible,
de la variada historia de tu vida.

CERTIDUMBRE

A veces nada entiendo
del mundo y de la vida,
y todo me parece inconsistente,
un poblado de niebla edificado
en terreno de arenas movedizas.
Y entonces

solo sé que es hermoso
amarte en esta hora,
cual si fuera tu cuerpo
y tu voz
y tu alma
mi única certidumbre.

FUGACIDAD

Al fin y al cabo,
como sabio ejercicio de prestidigitador,
son todos los sucesos
de nuestra breve vida:
¿Lo ves? ¡Ya no lo ves!
¿Esperabas ansioso aquella fecha?
¡Esa fecha pasó!
¿Es hoy? ¡Hoy es ayer!

Negra magia funesta
domina nuestra vida.
Pues transcurren efímeros
todos nuestros momentos,
cual leves espejismos
que engañan los sentidos
(niñez adolescencia juventud
madurez y vejez).

Y al fin, la eterna sombra.

El día

Porque todo se acaba,
déjame que proponga
una conjura inútil contra el tiempo.
Hay que ensanchar el día
y devorarlo,
tragar su centro claro
y apurar de buen grado las migajas,
consumir sin reparo cada brizna,
y al fin de la jornada
que ineludiblemente habrá de concluir,
proclamar sin ambages
que has vivido.

FICCIÓN

Extraño me parece
ese ser que me mira en el espejo
(aunque lo reconozca).
Extraña está la tarde
con una luz rosada
y quietud en el cielo;
extraña está la playa,
extraño el mar en calma.
Extrañas son las cosas de mi casa:
los libros, las paredes,
los armarios,
los cuadros silenciosos,
los objetos callados y sus nombres.
Y de pronto es misterio
estar aquí,
habitar en la escena
del *gran teatro del mundo*.

¿Dónde la realidad?

OPERACIÓN

A mi padre

Hay retazos de púrpura en el cielo.
Conduzco junto al mar,
tras dejar a mi padre
en una habitación de un hospital
a merced del azar y sabios cirujanos.
Se ha llenado la luna
y ha extendido su plata sobre el agua;
la belleza del mundo
nada entiende de miserias humanas.

Cómo duele de pronto la hermosura.

SEPTIEMBRE

Las tardes de septiembre
se colman de nostalgia.
Grises olas marchitas
se acercan a la orilla,
y un cielo ceniciento
presagia ya la lluvia.
Ya se acabó el verano,
es la hora del regreso
y los hombres retornan a sus cosas,
a la vida ordenada
de pautas y rutinas.

Hemos perdido ya
otro ardiente verano para siempre.

Lo imprevisto

Ahora ya has aprendido
que no hay planes posibles.
No sabes cuándo y cómo,
ni siquiera en qué forma (terrible o jubilosa)
habrá de aparecer:
pero va a surgir siempre lo imprevisto,
y lo imprevisto conformará tu día,
dirigirá tus pasos
hacia el espacio —ignoto todavía—
que tendrás que habitar inevitablemente.

Solo queda implorar,
solo queda esperar
que ese sino nos sea favorable.

50 AÑOS

*Envejecer, morir,
es el único argumento de la obra.*

GIL DE BIEDMA

Era todo muy cierto.
El fugaz transcurrir de cada día,
el cúmulo implacable de los años,
el acopio continuo de las pérdidas,
la punzada fatal de la nostalgia.

Y ahora ya estás aquí,
incrédulo y marchito
como una flor quebrada,
sabiendo que te queda menos tiempo
del que has vivido ya.

Sobre la mesa esparces los recuerdos:
muy lejanas imágenes de infancia,
ardor adolescente,
la muy apasionada juventud,
las clases, los alumnos,
los libros y las letras;
el amor que te tengo,
nuestra niña del alma…
Este turbio balance reconforta:
toda vida es liviana y es profunda.

Y sin embargo,
aún estoy en la vida,
y sin dudar deseo
vivir aún,
vivir aún con brío y con fervor
hasta el último aliento inevitable.

Un día de verano
(18 de agosto de 2023)

A Laura

No sabes,
amada niña mía,
el gozo que me causa
haber vivido un día como hoy.

El plácido verano nos acoge:
nos bañamos alegres
en un mar encalmado,
paseamos sin premura
conversando sin límite
sobre todas las cosas,
explotamos de risa
entre bromas y chanzas…

Y este pasar las horas junto a ti,
el tiempo que nos une,
es para mí un tesoro inexpugnable
frente a la adversidad,
contra la vida efímera.

ESPLÍN

Sucede que me canso de ser hombre
PABLO NERUDA

Me canso de ser hombre
al quebrantar el sueño en la mañana
y alzarme aletargado,
en el banal saludo primerizo,
en las horas vacías,
en las conversaciones sin sustancia,
en el marasmo gris
de la monotonía de los días,
en plomizas jornadas repetidas
en las habitaciones anodinas.

Me canso de ser hombre
al arrastrar mi cuerpo
con su carga de sombras y sus llagas,
con su mente repleta
de mil divagaciones y espejismos,
con su dudoso corazón que late
sin voluntad ni dicha ni sosiego.

Me canso de ser hombre
y me atormenta
el no poder parar,
detenerme un instante, unas horas, un día;
y descansar de todo
y renacer de nuevo.

No, no podemos parar
si no es ya para siempre.

LO ESPERADO

Todas las fechas llegan.
Las marcamos a veces
con larga previsión
en nuestro calendario,
y parecen lejanas, muy lejanas,
como pertenecientes a un incierto futuro.

Mas por no hacer
mudanza en su costumbre
gira la Tierra con ritmo consabido,
pasa el tiempo veloz,
se suceden las horas y los días,
las semanas los meses y los años.

Y llega ya por fin
ese gran día,
y quisieras entonces
detener el momento,
alargar los minutos,
hacer lentas las horas…

Mas como cualquier día,
con su misma cadencia habitual,
transcurre la jornada sin descanso
como fluyen las aguas de un río inacabable.

Todas las fechas llegan,
naufragan en la niebla,
y ya todo es pasado.

TEMOR

Es terrible saber
que, inesperadamente,
nuestra apacible vida
puede quebrarse de pronto como un vaso,
hacerse toda añicos
para siempre.

Recogida del colegio

A Laura

Llego yo taciturno, cabizbajo,
con mi carga de sombras,
y al levantar la vista
me encuentro con tu rostro
henchido de esplendor,
y hacia mí te diriges
con tu luz y tus besos,
y con voz encendida
y gestos alocados
vas contando tus cosas,
formidables sorpresas,
pequeñas desventuras,
los sucesos del día…

Y sin saberlo tú
me reconcilias
otra vez con la vida.

El regalo del día

¿Y cuál será el regalo de este día,
(un día como tantos
en el que nada pasa
y es la vida una sombra
calcada de sí misma)?

Contra el ritmo monótono de la jornada plana,
pasos ya consabidos y acciones repetidas,
buscas una sorpresa,
un acto extraordinario,
un insólito hallazgo que te asombre
y por fin te destierre del marasmo sombrío.

Pero al llegar la tarde,
cuando la luz se extingue en el bello crepúsculo,
adviertes la certeza:
estar vivo sin más es el regalo,
admirar la hermosura sin límite del mundo
y sentir que en el fondo
es un claro prodigio, y un misterio,
este hecho tan extraño de estar vivo.

GRANADA

Noche de luna en Granada
en las faldas de la Alhambra;
yo te amaba y tú me amabas
y no nos faltaba nada.

Entre mis manos tu cuerpo
explotaba de temblores;
con el vibrar de la carne
se unieron dos corazones,
y en la madrugada leve
susurrábamos alegres…

Y no nos faltaba nada:
yo te amaba y tú me amabas
en las faldas de la Alhambra.

ETERNIDAD

Participo sin duda de lo eterno,
a pesar de mi pobre finitud.
Y no por la promesa
de una improbable vida venidera,
sino porque respiro el aire
perpetuo de este mundo,
porque bajo la luz
que surge limpia y pura cada día
amé todas las cosas que me ofreció la vida;
porque he mirado el cielo
y he observado los astros
que iluminan la noche a lo largo de siglos.

Porque aunque el tiempo apague
mi voz y mi mirada
y borre para siempre mi existencia,
estoy aquí y ahora,
tengo un nombre
que nunca más se dio (ni se dará);
soy uno más que estuvo
después de muchos otros,
antes de muchos más.
Soy un ser con mi parte
en el mundo infinito.

Amor antiguo

Este lejano amor que nos enciende,
este amor que parece
antiguo como el mundo
se ha hecho carne en nosotros,
con terquedad ocupa nuestras almas,
somos presa de él,
y como esclavos mudos y sumisos
aceptamos su ley.

Giro en torno a tu cuerpo
como un astro obstinado,
mis pupilas se mueven en tu esfera
y hacia ti van llegando todos mis pasos puros,
todas mis pretensiones.
Entonces tú recibes mis señales
con un gesto de falsa displicencia;
y en realidad me acoges y me buscas,
entregada también al juego eterno
de lo tuyo y lo mío,
de tú y yo con ardor y con desvelo.

Amor marca el camino
y en su senda
avanzamos ingrávidos, risueños,
como ciegos espectros que cumplieran
una dulce condena.

QUE NADA PASE

Que nada pase hoy,
que nada turbe
la gracia de este día
anclado en mayo.

Que se acomode el sol, la luz del mundo,
en la tierra cercana acogedora,
y que ocupe el espacio el viento primoroso
para que cante el árbol
y revuelen los pájaros.

En este día tan claro
solo es dable la paz,
y yo suplico
que me acoja en su seno,
que mi cuerpo se instale entre los campos
y sea yo mismo un básico elemento
—tierra aire agua o fuego—,
una sustancia íntima del mundo.

VALENCIA

Te amo también aquí,
en los últimos días del verano,
cuando el otoño asoma con su luz aplacada
y un fugaz aguacero,
y Valencia parece una ciudad perdida
entre el sol y la niebla.

Te amo entre las paredes
de esta habitación desconocida,
morada pasajera
que acoge hospitalaria
nuestro furor salvaje.

Te amo en las calles nobles
y en las plazas,
en el tumulto de los callejones
que dibujan un dédalo imposible.

Te amo en el aire fresco
de esta noche sin luna
con un amor insólito,
con el alma ceñida
por tus ojos oscuros.

Y siento que no sé,
que no parece
que han pasado de pronto veinte años
(casi como un relámpago
como una primavera
como una rosa tenue).

Yo desconozco el tiempo,
pues como ayer te miro
y hacia ti marcho raudo
desde este río de fuego,
como espada silvestre
que se mueve con furia
porque la carne anhela,
porque hay seres que viven
en el aire de otro,
porque en tu cuerpo anida mi corazón sombrío,

porque nunca se acaba el amor venturoso.

POESÍA

A mi madre

Necesito unos versos como un bálsamo.
Después de días sumido
en farragosos trámites oscuros,
en monótonos pasos sin sorpresa,
necesito el calor de la palabra,
la acogida fraterna del poema.

Sediento estoy de luz y de agua clara
y al río transparente acudo presuroso:
lleguen hasta mis ojos y a mi oído,
e inunden mi alma toda,
la conjunción sonora de palabras,
los acordes,
la música del mundo.

Villa Oñate

A Michael y Paloma

Donde la tierra late
con el ritmo del mundo.
Donde el viento susurra entre los pinos
y se yerguen ufanas las palmeras.
Donde cantan los pájaros con júbilo
bajo un cielo muy nítido.
Donde la noche llega engalanada
con fulgentes estrellas infinitas,
y se espesa el silencio y profundiza
en el centro del alma.
Donde la inmensa casa
tiene abiertas las puertas.

Donde vibra la vida,
donde habita el amigo,
donde la paz existe.

MOMENTOS

I

El rugido del mar bajo la lluvia.
Las gaviotas varadas en la arena.
La fértil soledad en la que habitas.

II. APARICIÓN COTIDIANA

Cada mañana pasa,
como un ave terrestre
que se desliza rubia por la acera,
lanzada en bicicleta
hacia el tráfago gris de la jornada.

III. RAYO DE SOL

También en este día,
en este día confuso, vulgar, indiferente,
hay un rayo de sol
que dora las estancias,
las ramas de los árboles,
el aspecto impasible de los rostros.

IV

Estas ganas a veces de morir,
de retirarse a un lado,
de dejar el camino.

V

Como una leve y cálida caricia,
llega el sol de diciembre hasta mi rostro
mientras leo un libro
frente al mar en calma.

VI. VERTE SALIR

Me gusta verte salir
de las espumas del agua,
avanzar con paso firme
con tu cuerpo de guitarra
y bajo el sol,
en la arena,
tocar con mis manos blancas
tu lustrosa piel morena.

VII. Rumor de mar

Es el rumor del mar el que me arrulla
en la noche callada,
me adormece en su seno,
y yo me entrego al sueño confiado,
embebido en su canto.

EXISTIR

Estar vivo,
y amar todas las cosas que abarca la mirada,
y sentir en el pecho
una honda gratitud hacia la vida,
sabiendo que de ella seremos despojados.
Amar en la mañana
el resplandor del alba
y el canto de las aves,
el día nuevo que nace
como un milagro ignoto.
Amar el mediodía
con su luz cegadora
y el aire transparente.
Amar la luz caediza del crepúsculo,
que enrojece las nubes
para ocultar el día.
Amar también la noche y su silencio,
el insondable cielo negro
rutilante de estrellas y de luna.
Amar el mar
con su azul infinito
y su canción constante;
amar la calma verde
de los campos
y el trino de los pájaros.
Amar tu cuerpo leve,
que me enciende y me alza
y me lleva a la dicha.

Acoger las extrañas dádivas imposibles,
y a pesar del misterio
de ser en este mundo,
amar con ardor todo,
pues todo perderemos.

ÍNDICE